BlueS

La Novela Gráfica

ISBN: 978-84-18703-44-7

Depósito legal: B-19.652-2022

Impreso por Sagrafic, Passatge Carsi 6, 08025 Barcelona

Impreso en España - *Printed in Spain*

BLUES

La Novela Gráfica

Manuel López Poy

Pau Marfà

El blues de los excluidos

Helen Humes

En **1977** la Nasa lanzó dos sondas espaciales, las Voyager 1 y 2, con sendos discos grabados con una recopilación de mensajes y una muestra de lo más destacado de la cultura humana, como presentación ante una hipotética civilización extraterrestre que las pueda encontrar en su deambular por el espacio. En esos discos figura la canción «Dark Was the Night, Cold Was the Ground» (Oscura era la Noche, fría estaba la Tierra), un blues escrito por el músico 'Blind' Willie Johnson y grabado en **1927**. Pues por ironías del destino editorial, 'Blind' Willie Johnson es uno de los miles de artistas de blues que no salen en esta historia, pero forman parte absolutamente fundamental de la misma. La abismal diferencia de dimensiones entre la novela gráfica y la realidad que quiere contar, nos ha obligado al sacrificio supremo de incluir solo a los ineludibles, aunque eso significase que se iban a quedar fuera otros ineludibles. Sí, es tan complicado de hacer, como de entender a la primera.

Detrás de los músicos imprescindibles seleccionados para narrar la historia del blues en 84 páginas de viñetas, con un mínimo de coherencia, hay miles de bluesmen y blueswomen que han sido engullidos por la historia, como David 'Honeboy' Edwards, una leyenda del género durante más de sesenta años, presunto testigo del envenenamiento del mítico Robert Johnson en el Three Forks, el garito de Greenwood, Misisipi, donde fue asesinado. O como Pee Wee Crayton, un revolucionario en la forma de tocar la guitarra en los años cincuenta. O Helen Humes, que grabó sus primeros blues a los 14, se convirtió en la reina del Cotton Club y acabó abandonando la música para trabajar en una fábrica, antes de ser finalmente rescatada para el Festival de Newport de **1973**. La necesidad de acotar la información también ha dejado fuera a figuras como Johnny Otis, el cantante, productor, compositor y pianista, de origen griego, que trascendió todas las barreras raciales y fue uno de los catalizadores fundamentales del rhythm & blues, o a Lucky Peterson, que tuvo su primer éxito a los 15 años y estuvo en activo durante 40 más.

El blues es una historia global compuesta por cientos de miles de historias personales unidas por un nexo común, la negritud, recorriendo un camino común, el viaje a la libertad, con un anhelo común, el respeto a su dignidad. Y en esa historia, muchos han quedado relegados al olvido, conformando una leyenda que es otro sustento fundamental del blues como cultura. Son vidas de una intensidad que se agiganta tras la sombra de la leyenda, del rumor y la insinuación de una extrema dureza resumida en pocas líneas, como la de Kid Thomas, uno de los pioneros del rock & roll negro, asesinado a tiros por el padre de un niño al que había atropellado fortuitamente; o la de Floyd Council, que sólo realizó dos sesiones de grabación y pasó a la historia por proporcionar la mitad del nombre de la banda de rock psicodélico Pink Floyd y que es el reverso de su colega en el fingerpicking de las montañas de Carolina, Pink Anderson, la otra mitad del nombre, que murió olvidado y en la miseria. A algunos parece que les persiguió siempre el infortunio, que es como se resume la vida de John Henry Barbee, que llegó a Chicago a finales de los años treinta huyendo de un turbio asunto con un novio celoso, con tiroteo de por medio, grabó dos temas y desapareció, sobrevivió como vendedor callejero de helados, a los 57 años participó en una gira por Europa, y acabó muriendo en la cárcel días después de atropellar y matar accidentalmente a un hombre.

Blind Billie Johnson

Pero no necesariamente todos fueron unos aventureros y muchos nunca salieron de su círculo íntimo, como Wade Walton, criado cerca de la Parchman Farm, el vivero de pioneros del blues de Misisipi, que convirtió su barbería de Clarksdale en un centro de reunión de bluesmen y que era famoso por el dominio de la guitarra slide, que él tocaba con su navaja de afeitar. O Henry Thomas, que se ganó la vida cantando para los lugareños de los pueblos del sur y los obreros del ferrocarril. Grabó un par de decenas de canciones a finales de los veinte, una mezcla de blues, góspel, ragtime y baladas, e influyó poderosamente en músicos posteriores de la talla de Taj Mahal, The Grateful Dead, Canned Heat y Bob Dylan. Otros nunca tuvieron ocasión de salir del anonimato, como John Lee Zeigler, un guitarrista zurdo de finales de los años cuarenta que creó un estilo particular y que vivió la mayor parte de su vida trabajando como fontanero y tocando blues para sus vecinos y amigos.

Hay biografías que parecen sacadas de un guion cinematográfico, como la de Jesse Fuller, alias «El gato solitario», cantante, guitarrista y armonicista, que se fue a Hollywood, para hacer de extra en multitud de películas. El actor Douglas Fairbanks consiguió que le adjudicaran un puesto de bebidas frente a los estudios de cine, lo que le permitió sobrevivir para regresar a la música por la puerta grande cuando en 1964 su tema «San Francisco Bay Blues» fue interpretado por Peter, Paul & Mary, y versionado por otros muchos artistas folk. También daría para una buena película la historia de la cantante y compositora texana Bessie Tucker, que grabó cerca de 30 canciones, algunas de ellas descartadas, y murió a los 27 años, entrando a formar parte en el panteón de glorias del blues y el rock desaparecidas a esa edad y dejando tras de sí un halo de leyenda que hablaba de una mujer dura, a pesar de su delicada apariencia, y que se movía como pez en el agua en la mafia de Dallas, igual que hacía Lucille Bogan en Birmingham.

Podríamos llenar con nombres, páginas y más páginas, pero nunca conseguiríamos llenar todos los vacíos. Contar una historia es como hacer un traje a medida, y a veces, de tanto afinar las costuras, se puede quedar estrecho. Elaborar ésta, tratando de aportar la información necesaria para entender la trayectoria de toda una cultura y un género musical, dejando espacio al mismo tiempo para que resalten el dibujo y la narración gráfica, ha sido una complicada labor de costura. El resultado son las siguientes páginas, que sometemos a vuestro juicio, queridos lectores.

Los autores

Playlist

A través de este código Qr puedes escuchar una selección de las mejores canciones de blues seleccionadas por Manuel López Poy:

En agosto de **1619** un barco negrero llegó a Jamestown, Virginia, y desembarcó una veintena de esclavos africanos, el germen de la población afroamericana que creará una nueva música y una nueva cultura, el blues, que hunde sus raíces en el dolor y el sufrimiento.

Mercancía humana

El destino de los esclavos fueron las grandes haciendas de algodón, tabaco o arroz, de las 13 colonias británicas, en especial las del sur. Eran una preciada mercancía que se compraba y vendía, igual que una mula o un apero agrícola.

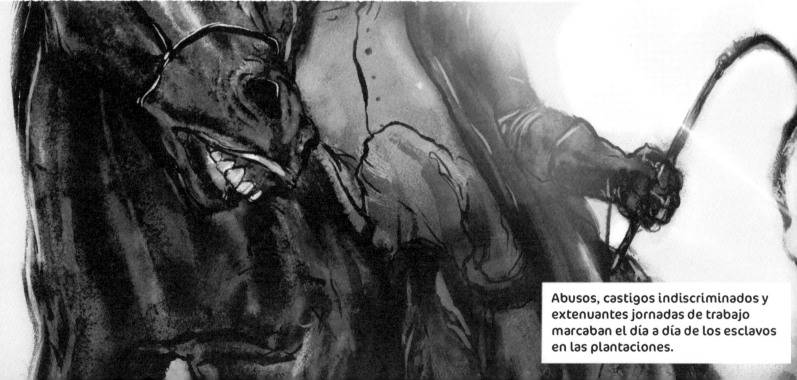

Abusos, castigos indiscriminados y extenuantes jornadas de trabajo marcaban el día a día de los esclavos en las plantaciones.

En las plantaciones nació una base fundamental del blues, las **work songs**, canciones de trabajo de ritmo cadencioso y letra improvisada, en las que alguien cantaba una estrofa y el resto respondía a coro.

*Oh, recoge este algodón (recoge este algodón)/ Oh, trabaja ese algodón (trabaja ese algodón)/ El Hombre no es malo chicos (el hombre no es malo)/ Oh, el trabajo no es duro chicos (el trabajo no es duro)

Igualdad solo para algunos

El 4 de julio de 1776 las colonias norteamericanas se independizan de Gran Bretaña con la Primera Declaración de los Derechos Humanos que afirma que todos los hombres son creados iguales, con derecho a la vida y la libertad. Los esclavos siguieron privados de ella.

Desde su origen, los Estados Unidos se dividieron entre estados esclavistas, al sur, y abolicionistas, al norte, separados por la línea Mason – Dixon, una frontera entre dos sociedades, la rural y la industrial, que se enfrentarán en una guerra civil azuzada por las diferencias en torno a la esclavitud.

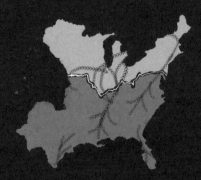

El himno de la evasión «Follow the Drinkin' Gourd»

*Follow the drinkin' gourd
Follow the drinkin' gourd
For the old man is waiting to carry you to freedom

When the sun comes back, and the first quail calls
Follow the drinkin' gourd
For the old man is waiting just to carry you to freedom

Well the river bank makes a mighty good road
Dead trees will show you the way
Left foot, peg foot, travelin' on

Well the river ends, between two hills
Follow the drinkin' gourd
There's another river on the other side

El Underground Railroad

La fuga hacia el norte era la obsesión de todo esclavo, pero a los fugitivos se les aplicaban suplicios atroces o incluso la muerte. En el siglo XIX se creó una red clandestina, el «ferrocarril subterráneo» , que entre 1810 y 1860 facilitó la fuga de cerca de 100.000 esclavos.

*Sigue a la calabaza/ Sigue a la calabaza para beber/ Porque el viejo viene a llevarte a la libertad/Cuando el sol vuelve, y la primera codorniz llama/ Sigue la calabaza para beber /Porque el viejo está esperando para llevarte a la libertad/ La orilla del río es un buen camino/ Los árboles muertos te mostrarán el camino/ Pie izquierdo, pie de apoyo, sigue viajando/ Bien, el río termina entre dos colinas/ Sigue a la calabaza para beber/ Hay otro río al otro lado

A los esclavos se les prohibieron las reuniones, incluso las festivas. El único lugar del Sur donde podían mostrar sus expresiones musicales era en **Congo Square**, de Nueva Orleans

Convirtiéndose en un espacio de libertad en el que también germinaron las semillas del **Jazz** y el **Blues**.

En 1861 Abraham Lincoln se convierte en presidente de los Estados Unidos. Su postura contra la esclavitud aceleró el estallido de una guerra civil que causó cerca de 600.000 muertos.

En 1863 se proclamó la emancipación de los esclavos y Lincoln se convirtió en un mito para la población negra, que le dedicó cientos de canciones.

*Hermanos y hermanas, ¿han escuchado la noticia? / La tormenta se ha levantado y no hay nada que perder / Levanta la cabeza agachada y escucha el latido de la liberación.

*BROTHERS AND SISTERS, HAVE YOU HEARD THE NEWS?
THE STORM HAS RISEN AND THERE IS NOTHING TO LOSE
HE RAISES HIS HEAD BOWED
AND LISTENS TO THE BEAT OF THE POUND

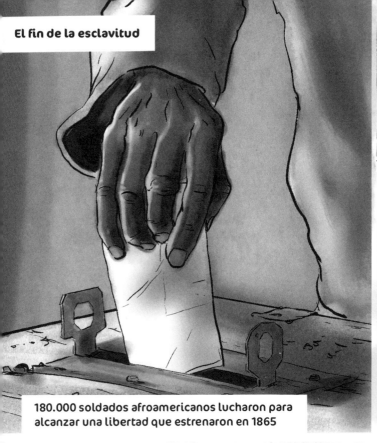

180.000 soldados afroamericanos lucharon para alcanzar una libertad que estrenaron en 1865

Aunque desde el primer momento fueron privados de los derechos alcanzados, como demuestra el hecho de que en 1868 en el Sur había más negros con derecho a voto que a principios del siglo XX.

Leyes Jim Crow, el principio de la segregación.

Jim Crow fue el nombre de las leyes creadas en el Sur para recortar derechos a la población negra, instaurando la segregación racial en las instituciones públicas, restringiendo el derecho a voto o la libertad de expresión y movimiento, bajo el lema «separados pero iguales».

Los espectáculos **Minstrel**

En el siglo XIX se hizo popular un vodevil racista, en el que músicos blancos se tiznaban la cara para ridiculizar a los negros, en una técnica llamada **blackface**. Su música mezclaba las work songs y espirituales negros con el folclore de origen europeo, y son otro fundamento del blues.

*COME LISTEN ALL YOU GALLS AND BOYS, I'M GOING TO SING A LITTLE SONG, MY NAME IS JIM CROW. WEEL ABOUT AND TURN ABOUT AND DO JIS SO, EB'RY TIME I WEEL ABOUT I JUMP JIM CROW

*Vengan, escuchen todos ustede chicas y chicos / Voy a cantar una canción, mi nombre es Jim Crow Doy vueltas y me retuerzo, más o menos así / Cada vuelta que doy, salto como Jim Crow. («Jump Jim Crow», Daddy Rice, 1828)

Lo más siniestro de la segregación fue el **Ku Klux Klan**, una organización racista que sembró el terror y la muerte entre la población negra. Fue creado en 1865 y llegó a tener 4 millones de afiliados. Sus palizas y linchamientos indiscriminados fueron uno de los principales motivos del éxodo masivo de afroamericanos del Sur hacia el Norte.

La aparición del Ku Klux Klan, unida a la explotación y la miseria, fomentaron el éxodo de la población negra a las ciudades del Norte. Entre el final de la Guerra Civil y **1970**, más de 7 millones de afroamericanos se desplazaron desde los estados del Sur al resto del país, siguiendo la ruta que marcará la futura evolución del blues.

La segregación también afectó a las iglesias, lo que propició la proliferación de templos para la comunidad negra donde floreció una nueva música, el **góspel,** surgido en el siglo XVIII y que será un pilar de la música afroamericana y uno de los fermentos del blues.

La desaparición de las cuadrillas de esclavos de las plantaciones y su sustitución por trabajadores en régimen de aparcería, propició el desarrollo de los 'field holler', los gritos de campo. Emparetados con las work song, pero habitualmente cantados por un solo individuo, contestado por otro de un campo próximo, eran un canto híbrido que desarrolló las **'blue notes'.**

*I'M GOING TO WRITE YOU A LETTER
I'M GOING TO SEND IT ACROSS THE SKY
MAMA, I KNOW YOU'LL CATCH IT
WHEN THE WIND BLOWS IT GOODBYE

I SAID, OH BABY, I DON'T KNOW WHAT TO DO
I KNOW, BABY, IT'S BECAUSE OF YOU, LORD

OOH, THAT'S THE LAST WORD SHE SAID
AND I CAN'T REMEMBER, BABY, THE LAST WORD YOU SAID

"COTTONFIELD BLUES" DE GARFIELD AKER, 1929.
(INSPIRADO EN UN FILED HOLLER)

Las fiestas populares facilitaron, a finales del siglo XIX, la aparición de cantantes ambulantes, los **songster,** que interpretaban canciones tradicionales, baladas, minstrels y melodías bailables, creando un nuevo folklore afroamericano.

*Voy a escribirte una carta, la voy a enviar por el cielo / Mamá, sé que la atraparás, cuando el viento sople en su adiós ... Dije, oh nena, no sé qué hacer / Lo sé, cariño, es por tu culpa, Señor ... Ooh, esa es la última palabra que dijo / Y no puedo recordar, nena, la última palabra que dijiste.

Las **baladas** fueron otro fermento fundamental del blues. Habitualmente eran de origen europeo, adaptadas a la herencia sonora africana y poco a poco fueron incluyendo en su temática a los primeros héroes populares negros como Railroad Bill, un bandido fugitivo...

... o el más famoso, **John Henry**, un trabajador del ferrocarril que murió compitiendo con un martillo neumático industrial.

*JOHN HENRY

HAMMER'S GONNA BE THE DEATH OF ME, LORD
THE CAPTAIN SAID TO JOHN HENRY
I'M GONNA BRING THAT STEAM DRILL
I'M GOING TO POUND THAT STEEL DOWN

JOHN HENRY SAID TO THE CAPTAIN
A MAN IS NOTHING BUT A MAN
BUT BEFORE I'D LET YOUR STEAM DRILL BEAT ME DOWN
I'D DIE WITH A HAMMER IN MY HAND

*El martillo será mi muerte, Señor / El capitán le dijo a John Henry / Voy a traer ese taladro a vapor / voy a golpear ese acero hacia abajo ... John Henry le dijo al capitán / Un hombre no es nada más que un hombre / Pero antes de dejar que tu taladro a vapor me gane / Moriría con un martillo en la mano.

MEDICINE SHOW

Otro espectáculo en el que germinó el blues fueron los **medicine shows,** en los que la música y el baile se empleaban para atraer al público para venderle ungüentos y elixires de fantasiosas cualidades.

MIRACLE

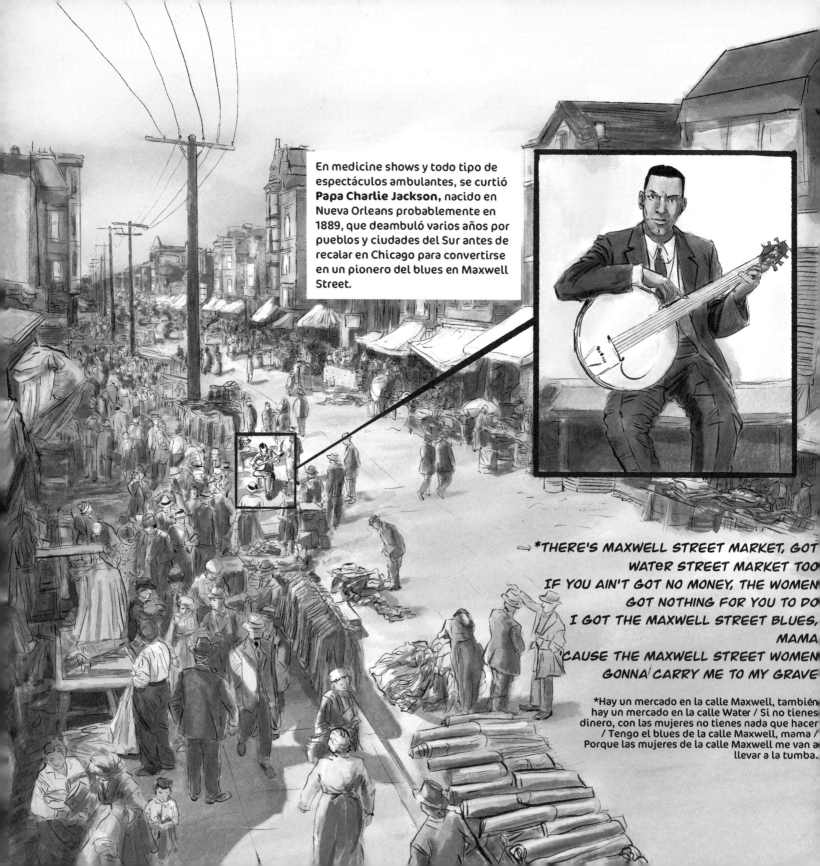

En medicine shows y todo tipo de espectáculos ambulantes, se curtió **Papa Charlie Jackson,** nacido en Nueva Orleans probablemente en 1889, que deambuló varios años por pueblos y ciudades del Sur antes de recalar en Chicago para convertirse en un pionero del blues en Maxwell Street.

*THERE'S MAXWELL STREET MARKET, GOT WATER STREET MARKET TOO
IF YOU AIN'T GOT NO MONEY, THE WOMEN GOT NOTHING FOR YOU TO DO
I GOT THE MAXWELL STREET BLUES, MAMA
'CAUSE THE MAXWELL STREET WOMEN GONNA CARRY ME TO MY GRAVE

*Hay un mercado en la calle Maxwell, también hay un mercado en la calle Water / Si no tienes dinero, con las mujeres no tienes nada que hacer / Tengo el blues de la calle Maxwell, mama / Porque las mujeres de la calle Maxwell me van a llevar a la tumba.

A caballo entre dos siglos, el blues nace de dos procesos simultáneos: la paulatina pérdida de sus señas culturales africanas originales, y la progresiva adopción de una nueva identidad cultural afroamericana, adquirida de la trágica experiencia de la esclavitud.

BLUES DO TELL ME: DO I HAVE TO DIE A SLAVE
DO YOU HEAR ME SCREAMING: YOU'RE GOING TO TAKE ME TO MY GRAVE
IF I COULD BREAK THESE CHAINS: AND LET MY WORRIED HEART GO FREE
WELL IT'S TOO LATE NOW: THE BLUES HAVE MADE A SLAVE OF ME

«SLAVE TO THE BLUES», MA RAINEY

*Blues dime : ¿tengo que morir como una esclava? / Me oyes gritar: me vas a llevar a la tumba / Si pudiera romper estas cadenas y dejar libre mi corazón preocupado / Pero ya es demasiado tarde: el blues me ha convertido en una esclava

Mississipi Delta

Memphis

Tunica

Clarksdale

Tutwiler

Rosedale
Cleveland

Indianola   Greenwood

Greenville

Rolling Fork

Yazoo City

Vicksburg

Mississippi

Esa simbiosis se produce de una forma especialmente creativa en el **Delta del Misisipi,** una región empobrecida, que será la cuna de la mayoría de los pioneros del blues.

Será en el Delta y en las regiones agrícolas próximas, donde nazcan un nuevo tipo de locales de diversión, los **honky tonks** y **juke joints,** en los que se forjarán como artistas los bluesmen y las blueswomen.

En 1895, **Will Dockery**, un emigrante escocés, fundó una granja en el corazón del Delta y comenzó a contratar aparceros. No tenía prejuicios raciales, pero era un puritano que rechazaba el alcohol y la música... y aquello se le llenó de traficantes de licor y pioneros del blues.

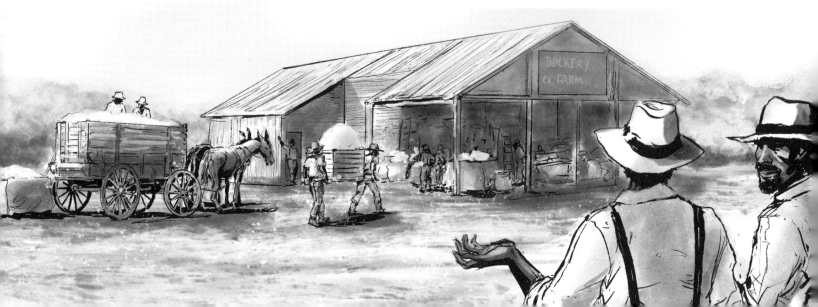

La granja pagaba sueldos decentes y tenía servicios comunitarios. Su fama atraía a campesinos de condados próximos, y muchos llegaban con su bagaje de canciones, para añadirlas a la olla musical donde se cocía un nuevo género, una nueva cultura.

La familia más legendaria de la Dockery era la de Eliza y Henderson Chatmon, pareja de una sólida formación musical que transmitieron a sus hijos: Carter, Fred, Josie, Lonnie, Sam, Crook, Bert, Poochie, Tie y Armentter, más conocido como Bo Carter, el legendario autor de «Corrine Corrina». Los Chatmon fundaron los **Mississippi Sheiks**, la banda más popular de los inicios del blues.

Charley Patton llegó a la Dockery siendo un niño y allí vivió hasta los 34 años, cuando fue despedido a causa de su vida disoluta y su carácter provocador. A los 19 años compuso «Pony Blues», una pieza fundamental del blues rural que grabaría en 1929. Mestizo de sangre negra y choctaw, los indios de Misisipi, destacaba por su excepcional voz y su bravuconería.

Apodado 'Old Wide Mouth', fue el primer prototipo de bluesman errante, desafiante, mujeriego, bebedor, pendenciero y buscavidas. Con sus compinches, Son House, Willie Brown y Jake Martin, recorrió el Delta cantando y metiéndose en líos. Fue el músico de blues más famoso de su tiempo, hasta que llegó la Gran Depresión.

Nueva York, febrero de 1934.
Charlie Patton grabando el tema «Poor me».

*I AIN'T GOT NOBODY
TAKE PITY ON POOR ME
OH, I CAN SEE BERTHA LEE
BUT SHE CAN'T SEE ME

*No tengo a nadie / Apiádate de mí, pobre de mí / Oh, puedo ver a Bertha Lee / Pero ella no puede verme a mí.

Dos meses después de grabar su último tema, «Poor me», falleció cuando regresaba una noche a casa tras un concierto. Su final estuvo marcado por los excesos con el alcohol y la tumultuosa relación con la cantante Bertha Lee.

A MEDIANOCHE, EN EL CRUCE DE CAMINOS.
VERÁS LLEGAR A UN HOMBRE NEGRO Y GRANDE.
COGERÁ TU GUITARRA, LA AFINARÁ Y TE LA DEVOLVERÁ.
Y ENTONCES, TÚ TOCARÁS.
CADA VEZ MÁS ALTO, CADA VEZ MÁS FUERTE.
HASTA QUE TUS DEDOS COMIENCEN A SANGRAR.

Tommy Johnson se instaló en la granja Sanders, cerca de la Dockery, cuando tenía 20 años y comenzó a tocar en garitos de la zona, hasta que se fugó con una mujer mayor para regresar dos años más tarde, convertido en un bluesman consumado y contando que había pactado con el diablo.

Autor de canciones míticas como «Canned Heat Blues» o «Big Road Blues», apenas salió del Delta. Murió alcoholizado y pobre la noche de Halloween de 1956, cuando el diablo regresó a cobrar su deuda.

*CRYING, MAMA, MAMA, MAMA, CRYING, CANNED HEAT IS KILLING ME. CANNED HEAT DON'T KILL ME, CRYING, BABE, I'LL NEVER DIE. I WOKE UP, THIS MORNING, CRYING, CANNED HEAT 'OURN MY BED.

El Sterno Canned Heat es un gel compuesto por etanol y alcohol, usado para calentarse y como sustituto del whisky, con nefastas consecuencias.

*Llorando, mamá, mamá, llorando, el calor enlatado me está matando / Me desperté, esta mañana, llorando, con calor enlatado en mi cama.

Compañero de correrías de Tommy Johnson, **Ishmon Bracey** fue otro pionero que comenzó actuando en bailes y fiestas de la zona de Jackson, Misisipi, hacia **1917**.

Guitarrista con un estilo poco convencional, fue uno de los primeros pianistas del género. Grabó por primera vez en Memphis en 1928.

Otro músico curtido en espectáculos ambulantes fue el viejo **Henry Sloan**. Llegó a la Dockery a principios del siglo XX y desarrolló un blues primitivo y enseñó a tocar la guitarra a Patton y otros chavales de la granja.

En 1918 Sloan se unió a la riada humana que llegó a Chicago tras la I Guerra Mundial y desapareció sin dejar rastro ni grabación alguna que atestigüe su papel de precursor del blues.

Cuenta la leyenda que fue a Sloan a quien el director de orquesta William Christopher Handy escuchó cantar en el apeadero de Tutwiler una música llamada blues, en 1903.

«UN NEGRO FLACO HABÍA EMPEZADO A TOCAR A MI LADO (...) SUS ROPAS ERAN HARAPOS Y SU ROSTRO REVELABA LA TRISTEZA DE LOS AÑOS. ¡CÓMO TOCABA! PRESIONABA UN CUCHILLO SOBRE LAS CUERDAS DE LA GUITARRA. (...) EL EFECTO FUE INOLVIDABLE»

*DOWN WHERE THE SOUTHERN CROSS' THE YELLOW DOG
EVERY KITCHEN THERE IS A CABARET
DOWN THERE THE BOLL WEEVIL WORKS WHILE THE DARKIES PLAY
THIS YELLOW DOG BLUES THE LIVE LONG DAY

*Abajo, donde el Southern cruza el Yellow Dog / Allá abajo el gorgojo trabaja mientras los negros tocan / Este Yellow Dog Blues todo el día. (Southern y Yellow Dog hacen referencia a dos líneas de ferrocarril.)

En 1912 **Handy** publicó «The Memphis Blues», la primera partitura de un blues de 12 compases y a partir de entonces se autotituló El Padre del Blues.

En **1917** Estados Unidos entra en la Primera Guerra Mundial y más de 350.000 afroamericanos se alistan para demostrar su patriotismo y tratar de huir de la segregación.

El Blues llega por primera vez a Europa con la orquesta del batallón de los **Harlem Hellfighters**, dirigida por el teniente James Reese Europe, y tocando temas de WC Handy, como «Saint Louis Blues» o «Hesitating Blues».

Uno de los incorporados al ejército fue Burl C. Coleman, apodado **Jaybird** por su indisciplina y su capacidad para imitar con su armónica cualquier sonido. Evolucionó ese instrumento y, junto al guitarrista Big Joe Williams, fue muy popular en Alabama.

Los soldados negros volvieron del frente luciendo medallas al valor, para volver a ser ciudadanos de segunda. Pero algo había cambiado y la semilla de la rebelión por la dignidad comenzó a dar frutos.

Uno de ellos fue el Renacimiento de Harlem, el primer movimiento cultural de los afroamericanos, con poetas como Langston Hughes, antropólogas como Zora Neale Hurston o pintores como Aaron Douglas.

Y llegó una oleada de libertad a ritmo de jazz y blues en los locales nocturnos de Harlem, con estrellas como **Gladys Bentley,** la cantante lesbiana reina del queer blues.

Fueron las mujeres las que dieron lustre al género después de que **Mamie Smith** grabase el primer tema, «Crazy Blues».

*I THOUGHT HE'S LOVIN' ME,
HE'S LEAVIN' ALL THE TIME
NOW I SEE MY POOR LOVE WAS BLIND
NOW I GOT THE CRAZY BLUES

*Pensé que me amaba, pero siempre me abandona / Ahora veo que mi pobre amor estaba ciego / Ahora tengo el blues loco.

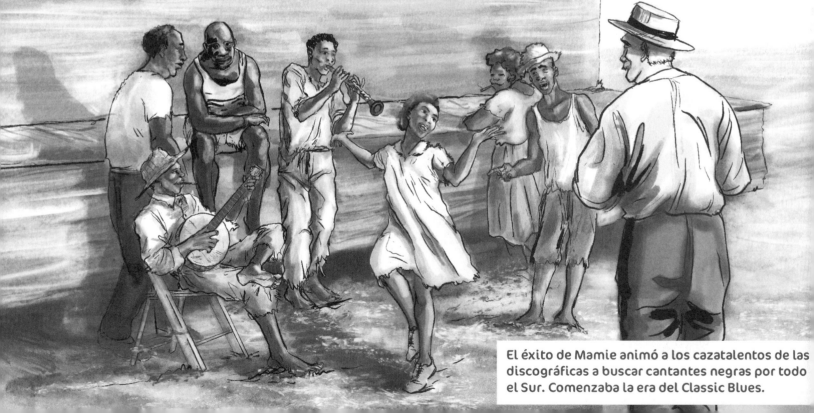

El éxito de Mamie animó a los cazatalentos de las discográficas a buscar cantantes negras por todo el Sur. Comenzaba la era del Classic Blues.

Nacía además el negocio de los «**race records**», música hecha por negros y para negros.

Bessie Smith, la Emperatriz del Blues, fue la estrella de esta época y la artista mejor pagada de su tiempo, pero tuvo una vida personal desdichada. Sobre su muerte en accidente de tráfico siempre planeó la sombra del racismo.

Estrellas del Classic Blues

Ma Rainey, la Madre del Blues. Fue la mentora de Bessie. Curtida en el vodevil, reivindicó el descubrimiento del blues y algunas de sus letras mencionan el lesbianismo. Actuó con los más grandes de la música afroamericana y acabó dirigiendo tres teatros.

Ethel Waters conoció la miseria y el maltrato, hasta que se hizo un hueco en el mundo del espectáculo, compitiendo con la propia Bessie Smith. Acabó convertida en una estrella del cine y la televisión.

Lucille Bogan, conocida también como Bessie Jackson, fue la reina del «dirty blues» por sus letras, que rayaban la obscenidad, y dirigió una red de contrabando de alcohol.

Victoria Spivey, pianista y cantante, tuvo una dilatada carrera y acabó montando su propia discográfica, en la que debutó un joven Bob Dylan.

Sara Martin, famosa por su voz y su elegancia, su carrera discográfica duró solo siete años, pero fue una de las que más discos grabó durante el classic blues.

Sippie Wallace, conocida como El Ruiseñor de Texas en los teatros ambulantes, abandonó el blues para dedicarse al góspel y regresó en los sesenta, con el «blues revival».

En 1929 estalló la Gran Depresión, una crisis económica sin precedentes, que abocó a la miseria a millones de personas, puso fin al Classic Blues y acabó con el negocio de los Race Records.

Uno de los bluesman afectados por la Depresión fue **Blind Blake**, creador del Blues de Piedmont, nacido en la zona de los Apalaches, musicalmente caracterizado por la técnica del fingerpicking, y que reflejaba la realidad social de los trabajadores afroamericanos de las grandes industrias tabacaleras.

Destacados intérpretes del Piedmont Blues

BLIND BOY FULLER

BUDDY MOSS

GARY DAVIS

JOSH WHITE

En los primeros meses de la Gran Depresión, **Son House**, uno de los bluesman de la zona de Clarksdale, condenado por una muerte en un tiroteo durante una de sus actuaciones, sale de prisión y se reúne con sus amigos Charlie Patto y Willie Brown.

Junto a Brown, Patton y Louise Johnson, amante de esta última, Son House regresó a los escenarios y grabó algunos de sus temas históricos, como «Preachin the Blues».

*YOU KNOW I WANNA BE A BAPTIST PREACHER JUST SO I WON'T HAVE TO WORK.

*Sabes que quiero ser un predicador baptista / Solo para no tener que trabajar.

En 1941, Alan Lomax grabó a Son House para la Biblioteca del Congreso, en la granja donde conducía un tractor. Luego el bluesman desaparecería durant más de 20 años.

Con Son House y Charlie Patton dio sus primeros pasos musicales un chaval llamado **Robert Johnson**, al que los dos veteranos bluesman consideraban un buen aprendiz de armonicista.

Hijo de una joven soltera y pobre, Johnson tuvo una infancia difícil. Se casó a los 18 años en Robinsonville y abandonó a su familia para echarse a los caminos y aprender a tocar la guitarra con Ike Zimmerman, un músico del que apenas quedan datos.

Cuando años después regresó a Robinsonville, se había convertido en un consumado guitarrista y un excepcional cantante, cosas que él atribuía a un pacto con el diablo, consolidando una leyenda que llega hasta hoy.

En 1936 grabó en una habitación del Hotel Gunter, de San Antonio, 29 canciones que forman parte de la columna vertebral del blues.

*THAT I GOT THE CROSSROAD BLUES THIS MORNIN' LORD BABY I'M SINKIN' DOWN

*Tengo el blues de la encrucijada esta mañana, Señor / Nena, me estoy hundiendo.

Murió a los 27 años en Greenwood, Misisipi, envenenado en un concierto por un marido celoso, dejando una leyenda de genio musical, vagabundo, vividor, mujeriego y maldito, que retrata el arquetipo del bluesman.

Vivir al límite era un rasgo propio de los bluesmen, a quienes su vida vagabunda y el racismo abocaban a una existencia al filo de la ley, en un entorno duro y violento.

Uno de los más duros fue Huddie Ledbetter **'Leadbelly'**, un gigantón que pasó varias veces por la cárcel y se libró de una larga condena gracias al perdón del gobernador, después de ser grabado en la prisión de Angola, Louisiana, por Fred Lomax y su hijo Alan.

Bukka White. Encarcelado en Parchman por atraco a mano armada.

Peetie Wheatstraw. Autonombrado 'El sheriff supremo del infierno'.

"Mississippi Jail House Groan" by Rube Lacy

Paramount *The Popular Race Record*

Mattie May Thomas. Grabó «Dangerous blues» en la prisión de Parchman.

Alger 'Texas' Alexander. Condenado en Texas por matar a su mujer

La actividad delictiva más común fue la de traficante de alcohol, propiciada por la ley seca.

Charley Jordan
Inválido en un tiroteo con una banda rival.

Kokomo Arnold
Traficante de alcohol en Chicago.

'Scrapper' Blackwell
Destilador ilegal y autor de «Bad Liquor Blues».

'Skip' James
contrabandista de alcohol y proxeneta.

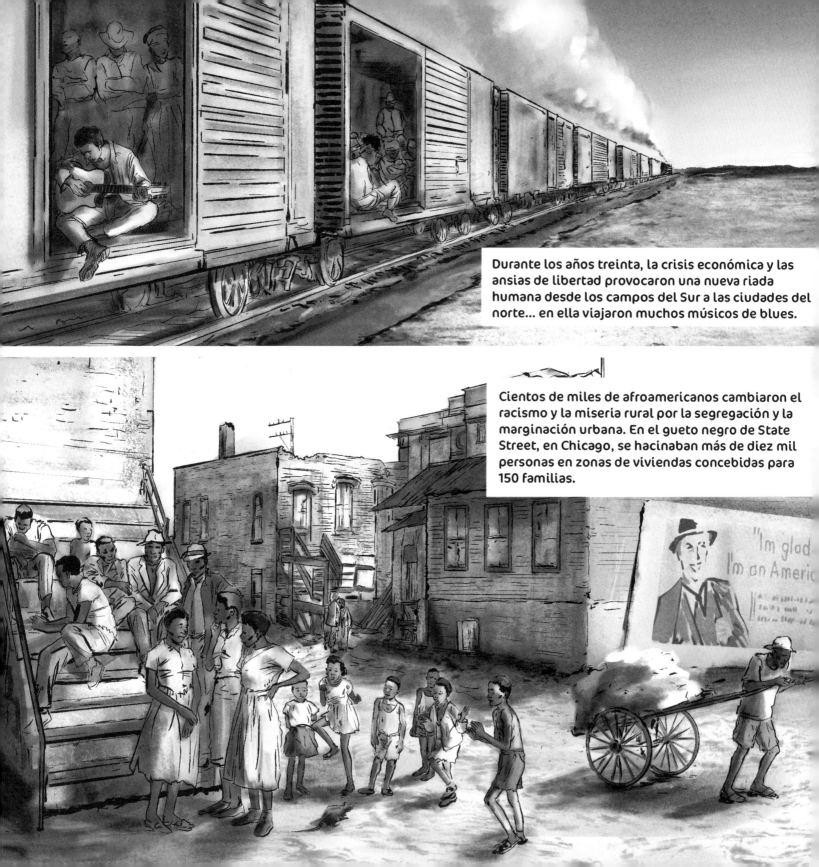

Durante los años treinta, la crisis económica y las ansias de libertad provocaron una nueva riada humana desde los campos del Sur a las ciudades del norte... en ella viajaron muchos músicos de blues.

Cientos de miles de afroamericanos cambiaron el racismo y la miseria rural por la segregación y la marginación urbana. En el gueto negro de State Street, en Chicago, se hacinaban más de diez mil personas en zonas de viviendas concebidas para 150 familias.

"I'm glad I'm an Americ

En ese viaje, Memphis, Tennessee, se convirtió en parada obligada de bluesmen y blueswomen, que encontraron acogida en los locales de Beale Street, donde florecieron las Jug Bands, que imitaban a las formaciones de jazz con precarios instrumentos caseros.

En Memphis recaló con 13 años Lizzie Douglas, una muchacha de Lousiana que comenzó tocando en la calle, disfrazada de chico, como Kid Douglas, para acabar convirtiéndose en una gran intérprete de blues, compitiendo de tú a tú con los mejores bluesmen de su época.

Se casó con Kansas Jose McCoy, un genial guitarrista de slide, y se instaló en Chicago para convertirse en pionera del **Bluebird Blues** con el nombre de Memphis Minnie, una de las mujeres más independientes e influyentes de la historia del blues.

En 1933 Chicago inaugura la Exposición Universal «Un siglo de progreso», que convierte a la ciudad en un foco de atracción para miles de afroamericanos que serán su principal fuerza de trabajo.

Dos años después llega a la ciudad John Lee Williamson, un armonicista de 21 años, curtido en los medecine shows, que será conocido como **Sonny Boy Williamson I**.

Grabó 120 canciones, modernizó el uso de la armónica y fue un pilar fundamental de la escena de Chicago. En 1948 fue asesinado por un marido celoso, deshaciendo trágicamente un enredo que duraba años.

Todo comenzó siete años antes, cuando el joven armonicista Aleck Ford, conocido como Rice Miller, que había acompañado a bluesman como Robert Lockwood Jr. o Robert Johnson, es contratado por el programa King Biscuit Time, en Arkansas, y se hace llamar Sonny Boy Williamson, para aprovechar la fama del original.

Cuando se entera el verdadero Sonny Boy, viaja al Sur acompañado por sus compinches Walter Davis y Big Joe Williams, para ajustar cuentas, Rice Miller decide desaparecer durante una temporada.

En 1953 **Sonny Boy Williamson II** llega a Chicago. Tras una intensa vida, murió plácidamente en la cama en 1965, convertido en una leyenda de la armónica blues.

Otra figura que se afincó en Chicago en los años treinta, fue **Lil Green,** una cantante de voz sinuosa que a los 18 años empezó a convertirse en una figura habitual de los clubs de la ciudad.

Su acompañante más habitual fue **Big Bill Broonzy,** un músico de Misisipi afincado en la ciudad a mediados de los años veinte y muy popular entre los trabajadores negros procedentes del campo.

Broonzy alcanzó el éxito en el From Spirituals to Swing, en el Carnegie Hall, en diciembre de 1938, sustituyendo al recién desaparecido Robert Johnson. Ese concierto es considerado como la puesta de largo de la música afroamericana.

A principios de los cincuenta se convirtió en uno de los primeros embajadores del blues en Europa y fue el primer bluesman que tocó en España. Viajó por todo el mundo y se afincó una temporada en los Países Bajos, donde se casó y tuvo un hijo.

Otra participante en el From Spirituals to Swing fue **Sister Rosetta Tharpe,** que en 1938 se instala en Nueva York y comienza a crear un estilo que la convertirá en la precursora del rock 'n' roll.

Hija de una predicadora evangélica, a la que acompañaba cantando desde niña, llevó el góspel religioso a los clubs nocturnos, mezclándolo con el blues.

El Cotton Club, el Teatro Apolo y los clubs de Greenwich Village, fueron testigos de su éxito, con un sonido de guitarra eléctrica con distorsión, que influyó en músicos posteriores como Little Richard, Johnny Cash o Carl Perkins.

El 7 de diciembre de 1941 los Estados Unidos sufren uno de los mayores sobresaltos de su historia. La aviación japonesa destroza la flota norteamericana en Pearl Harbour y empuja al país a la hecatombre de la II Guerra Mundial

Cerca de un millón de soldados negros combatieron en esa contienda, que transformaría el país.

Uno de ellos fue **Elmore James,** un bluesman de Misisipi conocido como el "El rey del slide", que tras la guerra electrificó su guitarra acústica y creó un sonido especial.

En 1951 se instaló en Chicago para contribuir al nacimiento del South Side Blues junto a figuras como **Muddy Waters** o **Willie Dixon**.

Muddy Waters había llegado a Chicago en 1943. Tenía 2 años, la cabeza repleta de sueños y los bolsillos vacíos.

Un año antes Alan Lomax lo había grabado por segunda vez junto al violinista Son Sims, en Clarksdale, donde vivía con su abuela y se ganaba la vida traficando con alcohol y tocando en locales de la zona.

En los primeros tiempos en Chicago, trabajó conduciendo un camión durante el día y tocando en clubs por la noche, apadrinado por Big Bill Broonzy.

En **1947** empieza a tocar con Sunnyland Slim, y al año siguiente ya lanza dos éxitos, «I Can't Be Satisfied» y «I Feel like Going Home», que le encaminan a la cumbre del blues.

En 1951 monta su propia banda y se convierte en el rey del Chicago Blues, con temas como «Rollin' Stone», «I'm Your HooHoochie Coochie Man» o «Manish Boy», grabados en Chess Records.

Por su grupo pasaron los mejores talentos del blues moderno, antes de convertirse en estrellas. En 1958 realizó una gira por Inglaterra que marca el origen del blues británico e influirá en futuras bandas como Beatles, Rolling Stones o Cream.

La mayoría de los éxitos de Waters y del Chicago Blues en general, fueron compuestos por Willie Dixon, que recaló en la ciudad en 1936 para dedicarse al boxeo.

Encarcelado por un delito menor, pasó parte de su juventud en una penitenciaría, donde tuvo que defenderse de los abusos de guardias y reclusos.

Tras dejar el boxeo se dedicó a la música y compuso más de 500 canciones, la base del blues moderno de Chicago, que caló entre el público europeo, cuando el género perdía fuelle entre los afroamericanos. Muchos temas fueron versionados por las bandas de rock de los sesenta.

El trío de ases del blues de Chicago lo completa el Lobo Aullador, un gigante con voz de trueno que se crió escuchando a Charlie Patton y a los pioneros del blues en el Delta del Misisipi.

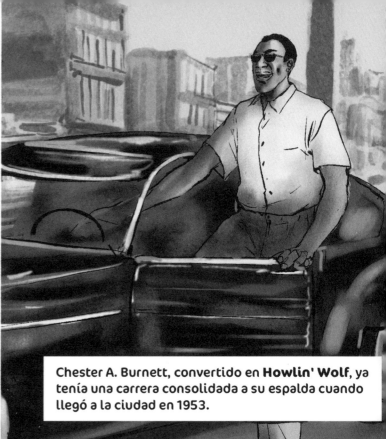

Chester A. Burnett, convertido en **Howlin' Wolf**, ya tenía una carrera consolidada a su espalda cuando llegó a la ciudad en 1953.

Para convertirse en el único capaz de disputarle el título de Rey del Blues de Chicago al mismísimo Muddy Waters.

*JUST A LITTLE SPOON OF YOUR PRECIOUS LOVE SATISFY MY SOUL

*Solo una cucharadita / De tu precioso amor / Satisface mi alma.

La sombra de sus casi dos metros y 135 kilos de puro blues, se proyectó sobre una nueva generación que revolucionaría el rock. En 1965 los Rolling Stones le rindieron honores, presentándolo en televisión dentro de los «momentos culturales más importantes del siglo XX».

Murió sin lograr el perdón de su madre, que siempre lo rechazó, a él y al dinero que le ofrecía, por considerarlo sucio, ganado al servicio del diablo.

*¡GO AWAY! TAKE YOUR ROTTEN MONEY WITH YOU!

*¡Vete! ¡Llévate tu podrido dinero!

Y mientras Chicago creaba su propio blues moderno, en California, adonde cientos de miles de afroamericanos habían emigrado durante la guerra, nace también un nuevo sonido: el West Coast Blues.

Uno de sus músicos más representativos es **T-Bone Walker**, que había sido alumno y lazarillo del mítico Blind Lemon Jefferson, y que se hizo muy popular por su acrobática forma de tocar la guitarra.

A principios de los cuarenta también llega a California el cantante **Big Joe Turner**, con una consolidada carrera en Kansas y Nueva York, con su compañero, el pianista Pete Johnson.

Considerado un maestro del ryhthm & blues y un pionero del rock & roll con su tema «Shake Rattle and Roll», actuó en todo el mundo con Bill Haley, hasta que en los sesenta regresó al circuito del blues.

Otro cantante que recaló en California fue **Percy Mayfield**, un poeta con aspecto de galán de cine, que cautivaba a sus fans con temas íntimos, como «Please Send Me Someone to Love», una balada blues que estuvo dos semanas en el número uno del Billboard.

En pleno éxito, un accidente le desfiguró la cara, dejó de actuar y se reconvirtió en el mejor compositor del West Coast Blues, con canciones como «Hit the Road Jack», grabada por Ray Charles, o «The River's Invitation», por Aretha Franklin.

Al otro lado del país, en Nueva York, se ha instalado desde principios de los cuarenta un dúo de antiguos bluesmen ambulantes, que serán decisivos para la futura escena musical de la ciudad.

Brownie McGhee, un guitarrista cojo, y **Sonny Terry,** un armonicista ciego, llevaron su blues a Greenwich Village, centro de la escena folk que estaban creando músicos como Woody Guthrie, Pete Seeger o Cisco Houston.

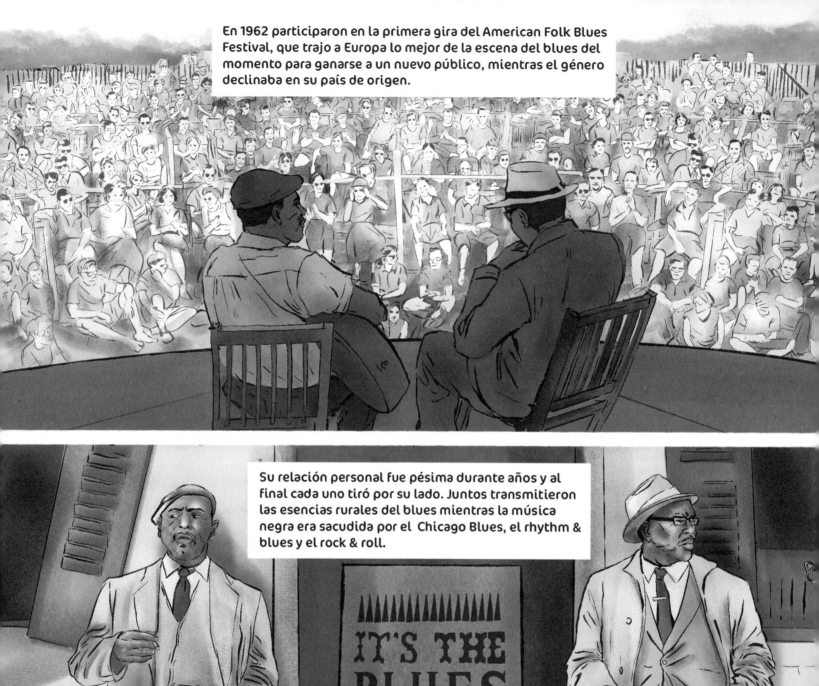

En 1962 participaron en la primera gira del American Folk Blues Festival, que trajo a Europa lo mejor de la escena del blues del momento para ganarse a un nuevo público, mientras el género declinaba en su país de origen.

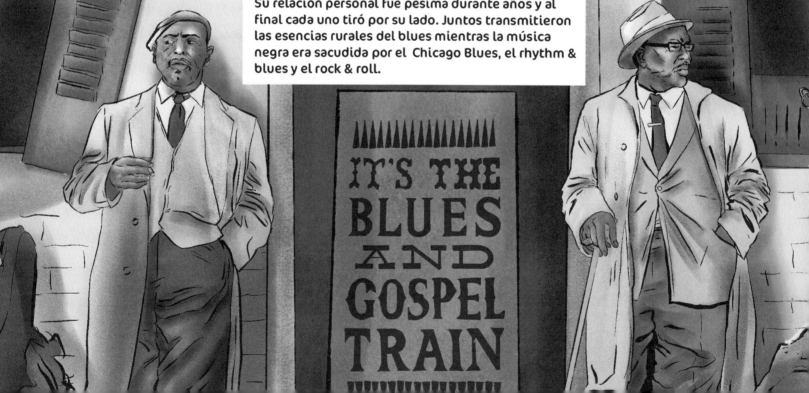

Su relación personal fue pésima durante años y al final cada uno tiró por su lado. Juntos transmitieron las esencias rurales del blues mientras la música negra era sacudida por el Chicago Blues, el rhythm & blues y el rock & roll.

IT'S THE
BLUES
AND
GOSPEL
TRAIN

En 1948 el periodista Jerry Wexler, usa en la revista Billboard el término «rhythm & blues» para sustituir a «race music», usado hasta entonces en sus listas de éxitos y por fin considerado vejatorio.

En 1953 Wexler se hizo socio de Atlantic Records y por sus manos pasaron Ray Charles, Aretha Franklin o Wilson Pickett. El rhythm & blues se convirtió en el cordón umbilical entre el blues y el rock 'n' roll.

El negocio musical está cambiando vertiginosamente. En 1948 también salen al mercado los primeros discos de 33 RPM o LP's, y un año después se editan los primeros singles de 45 RPM, uno de ellos «Rollin' Stone» de Muddy Waters.

En 1950 se crea Chess Records, la discográfica de Chicago que alumbrará los mejores momentos del blues moderno y el ryhthm & blues.

Dos años después, en Memphis, nace Sun Records, donde se incubará el rock 'n' roll.

Algunos bluesmen vuelven la mirada al exterior, como **Josh White**, que en 1950 realiza una gira por Europa, donde acompaña a la primera dama, su amiga Eleanor Roosevelt.

En París, su mánager le avisa de que está en la lista negra de la caza de brujas del senador McCarthy, acusado de comunista y antiamericano, y al regresar es detenido en el aeropuerto por el FBI.

White, que en su juventud vio como su padre moría en un manicomio tras un intento de linchamiento, fue toda su vida un luchador por los derechos humanos.

En sus canciones denunció la miseria y la segregación y participó en el movimiento pro derechos civiles.

Por ello fue vetado por radios y discográficas, incluso a pesar del respaldo del presidente Kennedy. Se negó a colaborar con el Comité de Actividades Antiamericanas y murió semiolvidado a los 55 años.

*THE LITTLE MAN FELT VERY BAD, ONE MEATBALL WAS ALL HE HAD...

*El hombrecillo se sintió muy mal/ una albóndiga era todo lo que tenía...

En los años cincuenta, en Chicago se concentra el mejor blues por metro cuadrado de todos los tiempos.

A finales de los años cuarenta, se incorporaron a la escena local leyendas como Little Walter, Albert King o B.B King.

LITTLE WALTER

ALBERT KING

B.B KING

A principios de los cincuenta se les unieron
James Cotton, Junior Wells, Freddy King,
Walter Horton...

FREDDIE KING

JAMES COTTON

JUNIOR WELLS

WALTER HORTON

Y a finales de la década, Buddy Guy, Otis Rush, Magic Sam o Luther Allison, entre otros muchos.

BUDDY GUY

OTIS RUSH

LUTHER ALLISON

MAGIC SAM

Pero la reina de esta nueva generación del Chicago Blues será **Koko Taylor**.

Llegó a la ciudad a los 24 años con su marido, 'Pops' Taylor, hambre atrasada y una maleta de cartón repleta de sueños.

Tras varios años fregando escaleras y cantando por las noches en los clubs, en 1962 fue descubierta por **Willie Dixon**, que la ayudó a convertirse en una de las últimas reinas del blues.

En los años sesenta el público negro se distancia del blues para abrazar el soul y el funk, que definen mejor sus orgullosas y juveniles ansias de cambio. Llega el **Black Power**.

Al mismo tiempo, jóvenes escritores, periodistas y universitarios blancos, giran hacia la música afroamericana como parte fundamental de las raíces de la cultura estadounidense.

El 3 de julio de 1960, Muddy Waters actúa en el Festival de Jazz de Newport, ante un público mayoritariamente blanco, en un concierto que incentiva la curiosidad por el blues.

Decenas de aficionados comienzan a rastrear el blues tradicional en el profundo Sur rural. Compran viejos discos de los años veinte y treinta y buscan a sus autores.

Bob Koester y Samuel Charters encuentran a **Sleepy John Estes** ciego y en la miseria, en su cabaña de Ripley, Tennessee, y lo recuperan para festivales de todo el planeta.

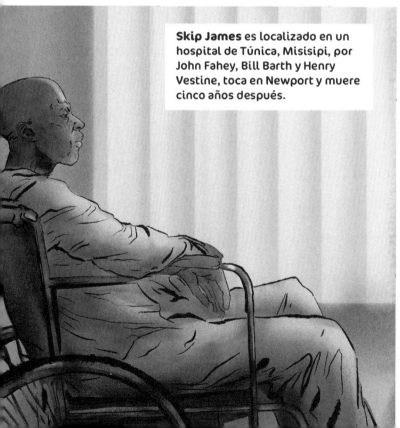

Skip James es localizado en un hospital de Túnica, Misisipi, por John Fahey, Bill Barth y Henry Vestine, toca en Newport y muere cinco años después.

A **Bukka White** lo redescubrieron por correo John Fahey y Ed Denson, escribiendo a su nombre y al del pueblo, Aberdeen, que era el título de una de sus canciones.

Ligtning Hopkins, tras dos décadas de errática carrera, debutó en el Carnegie Hall en 1960, con Joan Baez y Pete Seeger.

A **Mississippi John Hurt**, aparcero, tras 35 años olvidado, lo convencieron Dick Spottswood y Tom Hoskins para grabar para la Biblioteca del Congreso y se hizo popular entre los universitarios blancos.

El pionero **Son House** fue localizado por Nick Perls, Dick Waterman y Phil Spiro, trabajando en la estación de tren de Rochester, Nueva York.

Estaba tan desorientado, que el guitarrista Alan Wilson (Canned Heat) le ayudó a recuperar su estilo con la guitarra.

Hubo también quien vio su éxito eclipsado por los nuevos músicos blancos, como **Big Mama Thorton**, cuyo éxito, «Hound Dog», fue borrado por la versión que hizo Elvis Presley.

Esta enorme cantante, armonicista y batería, sobrevivió durante años en clubs de mala muerte, víctima de la depresión y el alcoholismo.

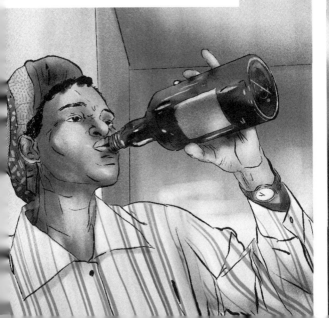

Rescatada para participar con enorme éxito en dos giras europeas del American Folk Blues Festival, murió olvidada en una pensión de Los Ángeles.

Pero también hubo músicos blancos que abrazaron con entusiasmo la música negra y se integraron en su ambiente, como los de la **Paul Butterfield Blues Band**.

Paul Butterfield, Jerome Arnold, Nick Gravenites, Sam Lay, Elvin Bishop y Mike Bloomfield, irrumpieron en 1965 para llevar el blues a un público más joven y más amplio, el de los festivales de folk y rock de finales de los sesenta.

Abrieron paso a otra generación que contribuyó a llevar el testigo del blues hasta el siglo XXI, como **Bonnie Raitt,** que comenzó tocando junto a históricos como Sippie Wallace o Howlin' Wolf.

Bob Margolin, que tocó en la banda de Muddy Waters.

O **Charlie Musselwhite,** alumno de Walter Horton, entre otros.

Al otro lado del Atlántico las giras del **American Folk Blues** Festival, organizado por dos productores alemanes, Lippmann y Rau, hacen crecer el interés por el blues con los supervivientes más relevantes del género.

De **1962** a **1972** trajeron a Europa a figuras como Muddy Waters, Sippie Wallace, Willie Dixon, Big Mama Thornton o Sonny Boy Williamson, entre una lista de más de un centenar.

La juventud europea, en especial la británica, se entusiasma con el blues y a los conciertos asisten futuras leyendas del rock como Brian Jones, Mick Jagger, Keith Richards o Jimmy Page.

En 1960 el pianista **Champion Jack Dupree** se instala definitivamente en Europa, harto de la segregación racial y en busca de mejor reconocimiento artístico.

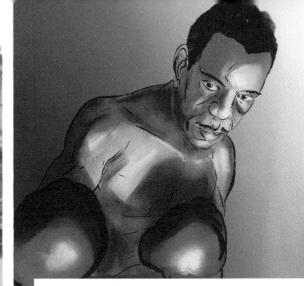

Nacido en Nueva Orleans y huérfano a los 8 años, se crió en un centro de menores donde aprendió a tocar el piano. Fue de todo: boxeador, cocinero, prisionero en la II Guerra Mundial y pintor de cuadros.

Tocó durante más de 60 años y acabó convertido en el rey del Barrelhouse, un estilo que surgió en los garitos de alcohol clandestino.

En Estados Unidos el viejo blues sobrevive con artistas como **Flora Molton,** una leyenda de las calles de Washington, donde tocó de principios de los cuarenta a finales de los sesenta, cuando compuso temas contra la Guerra de Vietnam.

Contra la guerra, la miseria y la segregación racial también cantó **JB Lenoir,** el bluesman más elegante y comprometido, con temas como «Vietnam Blues» o «Alabama Blues».

*I NEVER WILL GO BACK TO ALABAMA,
THAT IS NOT THE PLACE FOR ME
YOU KNOW THEY KILLED MY SISTER AND MY BROTHER
AND THE WHOLE WORLD LET THEM PEOPLES GO DOWN THERE FREE

*Nunca regresaré a Alabama, ese no es lugar para mí / Sabes que mataron a mi hermana y a mi hermano / Y todo el mundo les permitió irse libres.

Otro que triunfó en Europa fue **John Lee Hooker**, que en 1962 se colocó en el número uno del Billboard con «Boom Boom», un tema que versionaron de inmediato grupos británicos como The Animals.

Se fue de casa a los 13 años, después de que su padrastro le enseñase a tocar blues. Se convirtió en músico vagabundo, aparcero, obrero metalúrgico, vigilante y cualquier otro oficio que alternaba con sus noches en los clubs.

Comenzó como prototipo del bluesman rural y acabó convertido en ídolo del rock.

El blues comenzó a arraigar en Europa, especialmente en Inglaterra, a partir de mediados de los años cincuenta, con figuras como **Alexis Korner y Cyril Davies**, que grabaron su primer disco en **1957** y fundaron el London Blues and Barrelhouse Club, la cuna del blues británico.

La otra pieza fundamental para el nacimiento del blues británico fue **Jo Ann Kelly,** que comenzó actuando con su hermano Dave, tuvo una corta pero fulgurante carrera, murió a los 46 años, logrando el reconocimiento público de mitos como Muddy Waters o Willie Dixon.

En 1956 un chaval de 12 años llamado **Joe Cocker**, pisa por primera vez un escenario en una actuación de su hermano mayor. Se convertiría en la voz más carismática del bues y el soul británicos durante más de 50 años.

En 1962, Eric Burdon y un grupo de amigos de un barrio obrero de Newcastle, montan el grupo de blues-rock **The Animals,** apodados así por su salvaje actitud en el escenario, y fueron la punta de lanza de la llamada British Invasion en Estados Unidos.

tro referente de ese movimiento son he **Yardbirds**, que nacen en los uburbios de Londres en 1963, y en la ue comenzaron los mejores uitarristas del blues británico: **Eric lapton, Jeff Beck y Jimmy Page.**

También en 1963 **John Mayall** crea **The Bluesbreakers**, una banda por la que pasaron la mayoría de las futuras estrellas del blues británico. Mayall, con más de 60 discos, está considerado como «El padre blanco del blues» y fue una figura fundamental para su expansión mundial.

En 1966, y tras abandonar los Bluesbreakers, Clapton forma Cream, uno de los primeros power tríos. Eric se convierte en una figura fundamental del blues blanco y un recuperador del blues de raíces, especialmente del mítico Robert Johnson y su repertorio.

En **1967** Peter Green funda, junto a otros ex bluesbreakers, **Fleetwood Mac**, una banda que empezó en el blues y acabó convertida en un mito del rock de los setenta.

Tres años después, Green abandona el grupo y emprende una errática carrera en solitario, componiendo genialidades puntuales, bordeando la demencia y esquivando varios retiros, para morir unos años más tarde como un genio del british blues.

En 1966 **Jeff Beck** es despedido por Los Yardbirds en plena gira norteamericana y monta The Jeff Beck Group, con Rod Stewart como cantante. Más de medio siglo después sigue en activo y es una de las estrellas de rock que más premios acumula.

En Irlanda, en la segunda mitad de los sesenta, surge Taste, la banda trampolín que llevó al éxito a **Rory Gallagher,** uno de los mejores guitarristas del blues.

Y en la cabina de mandos, durante varias décadas, estuvo el músico y productor **Mike Vernon,** responsable de los discos más importantes del british blues. Creador del sello Blue Horizon, contribuyó decisivamente a la expansión universal del blues.

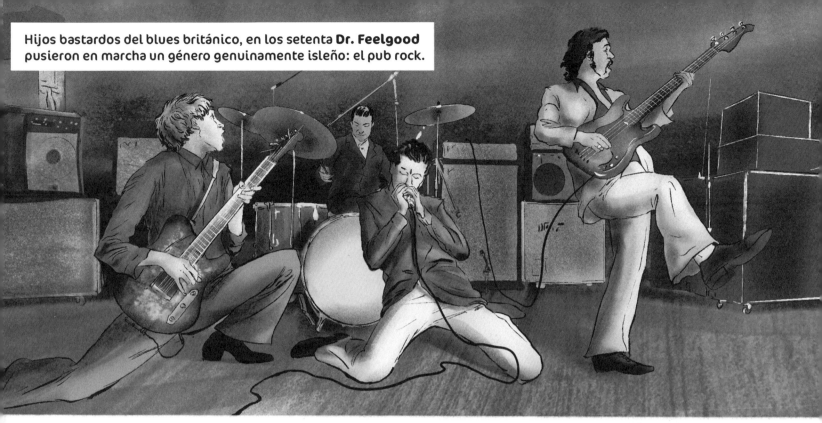

Hijos bastardos del blues británico, en los setenta **Dr. Feelgood** pusieron en marcha un género genuinamente isleño: el pub rock.

En los ochenta el encargado de llevar el testigo fue **Otis Grand**, premiado como mejor guitarrista británico durante **7** años seguidos.

En el siglo XXI se retorna a las raíces del género y el mejor representante británico es **Ian Seagal**, genuino fajador del blues, con muchos premios y kilómetros a sus espaldas.

En Estados Unidos a partir de finales de los sesenta surge una nueva generación de bluesmen que le dan al género una dimensión internacional, al tiempo que profundizan en sus esencias.

JOHNNY WINTERS

TAJ MAHAL

STEVIE RAY VAUGHAN

WATERMELON SLIM

Esa internacionalización llegó también en los sesenta, envuelta en el éxito arrollador del rock de las bandas británicas como Beatles y Stones, a Rusia y la órbita soviética...

... donde el blues, al igual que el resto de músicas afroamericanas, era considerado oficialmente desde los años treinta, como un ejemplo de la cultura burguesa estadounidense.

El blues llegó a Europa continental en sucesivas oleadas, casi siempre en las mochilas de los soldados estadounidenses.

Desde las bases militares, al amparo del rock, comenzó a extenderse por clubs y ambientes minoritarios, que serían fundamentales para su supervivencia.

Francia fue la cabeza de puente del blues en Europa Occidental, gracias al matrimonio Marcelle y Jacques Morgantini...

... que desde principios de los sesenta, trajeron y grabaron en su propio domicilio a John Lee Hooker y Memphis Slim, entre otras muchas leyendas.

A finales de los años setenta, el blues retorna a casa de sus antepasados, cuando jóvenes nómadas y rebeldes tuaregs del Sahara del Norte, encuentran en la guitarra eléctrica el mejor complemento para dar nueva voz a su cultura.

Nace el Desert Blues de Tinariwen, grupo surgido en los campamentos de Gadafi, o **Ali Farka Touré**, el padre del blues africano que fusionó el sonido ancestral de las tribus del desierto, con los ritmos creados por los descendientes de los esclavos al otro lado del océano.

En Latinoamérica destacó el caso de Argentina, donde bajo un clima de dictadura militar se desarrolló un blues rock con entidad propia, abocado a un underground que encarnó perfectamente el poeta, cantante y bohemio Pajarito Zaguri...

... con nombres fundacionales como **Manal,** pioneros del género en español, Pappo o Memphis la Blusera. Sigue siendo una de las comunidades bluseras más activas del mundo.

En 1958 Big Bill Broonzy ofrece el primer concierto de blues en España, en el Teatro Capsa, de Barcelona.

Habría que esperar a principios de los años ochenta para que apareciesen las primeras bandas autóctonas y locales donde escuchar a pioneros como la Harmónica Zumel, Blues Express, La Dolphin, Tonky Blues Band, Blues Messengers, Caledonia o Algeciras Blues Express.

En el siglo XXI el blues más genuino sigue vivo en artistas afroamericanos que se han volcado en indagar en las raíces del género, para colocarlo en el lugar de honor que se merece en la historia de la música.

El blues, una música y una cultura que superan los cien años de existencia, ha pasado de las cabañas de los esclavos a los teatros y clubs más prestigiosos del mundo, para acabar convertido en la madre original de toda la cultura pop.

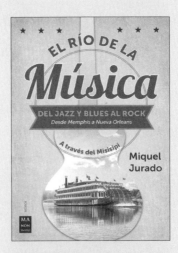

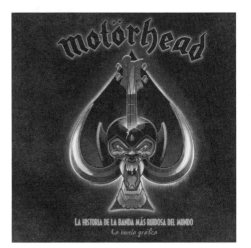

Puedes visitar nuestros libros en
www.redbookediciones.com